AF296730

[HAR]MONIE DES VOYELLES

DANS LES

LANGUES OURALO-ALTAÏQUES

PAR

Lucien ADAM

SUBSTITUT DU PROCUREUR GÉNÉRAL PRÈS LA COUR DE NANCY

PARIS

MAISONNEUVE & Cie, LIBRAIRES-ÉDITEURS

15, QUAI VOLTAIRE, 15

1874

DE L'HARMONIE DES VOYELLES

LES LANGUES OURALO-ALTAÏQUES

DU MÊME AUTEUR

GRAMMAIRE DE LA LANGUE MANDCHOU.

GRAMMAIRE DE LA LANGUE TONGOUSE.

DE

L'HARMONIE DES VOYELLES

DANS LES

LANGUES OURALO-ALTAÏQUES

PAR

Lucien ADAM

SUBSTITUT DU PROCUREUR GÉNÉRAL PRÈS LA COUR DE NANCY

***

PARIS

MAISONNEUVE & Cⁱᵉ, LIBRAIRES-ÉDITEURS

15, QUAI VOLTAIRE, 15

1874

A

M. LE DOCTEUR E. LEGRAND

MÉDECIN HONORAIRE

DES HOPITAUX CIVILS DE METZ

TÉMOIGNAGE DE PROFONDE RECONNAISSANCE

Lucien ADAM

AVERTISSEMENT

L'insuffisance des documents mis à la disposition
de l'auteur ne lui a pas permis de comprendre dans
son travail diverses langues altaïques soumises au
régime de l'harmonisation des voyelles. Mais les
matériaux qu'il a pu réunir sont assez nombreux
et assez importants pour que le lecteur soit en état
de se former une idée exacte du procédé original
à l'aide duquel les idiomes du touran ont résolu
le problème de la dérivation.

Quant à la langue accadienne ou sumérienne
dont l'omission a été volontaire, l'auteur estime
que le déchiffrement des cunéiformes n'a pas en-

core atteint, en ce qui concerne les voyelles de ce
parler, un degré de certitude permettant de tenir
pour définitives les transcriptions proposées par
M. F. Lenormant (¹).

(¹) Voir F. LENORMANT. *Études accadiennes*, p. 34.

DE

L'HARMONIE DES VOYELLES

DANS LES

LANGUES OURALO-ALTAÏQUES

CHAPITRE Ier

—

PHYSIOLOGIE

1. — Le son vocalique se timbre différemment suivant que les positions prises par les parties mobiles de la bouche, notamment par les lèvres et par la langue, font varier la capacité de cet organe.

2. — Les lèvres peuvent se porter en avant de manière à former une ouverture étroite et circulaire, ou s'étendre latéralement de telle sorte qu'il se produise comme une fente longitudinale. Dans le premier cas, l'air issu des poumons ne se mêle

que peu à peu à l'air extérieur. Dans le second cas, au contraire, le mélange s'opère instantanément. M. du Bois-Reymond père a caractérisé ces deux positions opposées en disant que les lèvres *rétrécissent* ou *élargissent l'ouverture extérieure de la cavité buccale.*

3. — La langue peut prendre, elle aussi, deux positions inverses.

I. La partie antérieure se retire en arrière tandis que la partie postérieure se dirige vers la région molle de la voûte palatine. Quand ce double mouvement se combine avec le rétrécissement labial, la cavité buccale atteint son maximum de capacité, en prenant, suivant la remarque de M. Helmholtz, la forme d'une bouteille sans goulot.

II. La partie antérieure se porte en avant et la partie moyenne se dirige vers la région dure de la voûte du palais. Quand ce double mouvement coïncide avec l'élargissement labial, l'air issu des poumons ne se mêle à l'air extérieur qu'après avoir été resserré dans un canal étroit. En effet, la bouche a pris la forme d'une bouteille dont la panse serait placée dans le pharynx et dont le goulot consisterait dans l'intervalle compris entre la face supérieure de la langue et la voûte du palais. La partie postérieure de la cavité buccale atteint, dans ce cas, son minimum de capacité, et la langue forme, au-devant d'elle, une sorte de clôture.

4. — Si l'on fait prendre successivement aux lèvres et à la langue les positions qui viennent d'être décrites, en ayant soin de porter chacune d'elles à son maximum, le souffle laryngien se timbrera d'abord en *u* (*ou*), puis en *i* (¹).

(¹) Dans son *Enseignement scientifique de la lecture*, ouvrage publié sous le patronage de la *Société de vulgarisation pour l'enseignement du peuple*, M. H. Chavée a indiqué deux expériences fort simples au moyen desquelles la théorie physiologique des voyelles peut être mise à la portée des enfants.

« Mets deux doigts de ta main droite entre tes deux mâchoires et prononce *oû — oû*. L'élève fait de vains efforts pour rapprocher ses lèvres et mouler cette voyelle, et, comme dans cette pose il peut dire *â*, il acquiert la preuve expérimentale que la voyelle *oû* est la voix laryngienne moulée par les lèvres et que son vrai nom est la voyelle des lèvres ou voyelle labiale.....

« Voici une expérience décisive pour montrer combien le petit canal linguo-palatal (fermé par la langue mobile contre le palais immobile) est nécessaire à la production du timbre criard.

Schême physiologique.

Lèvres.	Langue.
I. Rétrécissement.	Retrait (*u*.
II. Élargissement.	Progression (*i*.

5. — Les voyelles *u*, *i*, produites par des combinaisons mécaniques absolument inverses, constituent les deux extrêmes d'une série, dont les termes intermédiaires apparaîtront lorsque les divers mouvements des lèvres et de la langue seront accomplis avec une vigueur décroissante.

En atténuant la combinaison R + R (rétrécissement labial + retrait lingual), on passe de *u* à *ô* et

Ordonnez à chaque élève de tenir la langue immobile dans le bas de la bouche sous la pression du petit doigt, et, cette pose prise et gardée, demandez-leur de prononcer *i*. Ne les empêchez pas de rire de leurs grimaces et de leurs vains efforts. Ce qui importe, c'est qu'ils sentent et comprennent par eux-mêmes que *i* est la voyelle de la langue et du palais ou voyelle linguo-palatale. »

Remarque : Quand on prononce successivement *u* et *i*, en tenant deux doigts placés entre les dents, on peut constater que lors de l'émission de la première voyelle la langue se retire en arrière, tandis qu'elle se porte en avant au moment où l'on fait entendre le son *i*.

à *o*. En atténuant la combinaison E + P (élargissement labial + progression linguale), on passe de *i* à *é* et à *ä*. « Enfin, dit M. Max Müller (¹), si les lèvres sont toutes grandes ouvertes, et que la langue soit dans sa position naturelle, c'est-à-dire à plat, nous entendrons le son *a*. » M. Corssen (²) définit ainsi cette voyelle : « *a* est la plus pleine, la plus sonore et la plus noble de toutes les voyelles, parce que, lors de son émission, le courant d'air, issu de la poitrine et du larynx, s'échappe de la cavité buccale largement ouverte, sans rencontrer d'obstacle. »

Le mécanisme, confusément indiqué par ces deux linguistes, se décompose de trois manières différentes suivant qu'il s'agit de produire un *a* mineur, un *a* majeur, ou un *a* absolument pur.

Au moment où l'on prononce avec force un *a* mineur (âne), les lèvres se portent légèrement en avant, et la langue se retire quelque peu, en abaissant sa partie postérieure.

(¹) *Nouvelles Leçons sur la science du langage.* T. Iᵉʳ, chap. 3.
(²) *Ueber Aussprache. Vokalismus.* I. Bd., p. 139.

Si l'on passe d'un *a* mineur à un *a* majeur (patte), les commissures des lèvres tendent à s'écarter latéralement, et la langue, posée à plat, se projette vers la paroi dentaire.

Quand on veut produire un *a* absolument pur, il faut que le souffle laryngien s'échappe de la bouche sans que les lèvres ni la langue ne dessinent aucun mouvement appréciable. Mais l'équilibre organique, nécessaire à l'émission de cette voyelle idéale, est très-difficile à obtenir. Aussi *a* pur est-il remplacé, d'ordinaire, par *a* mineur ou par *a* majeur, assez souvent par *o* bref ou par *ä* ([1]).

6. — Dans les combinaisons R + R et E + P, les mouvements de la langue concordent avec ceux des lèvres, mais l'action de ces parties mobiles de la bouche peut être contrariée, de telle sorte que le rétrécissement labial coïncide avec la progression de la langue. Dans ce cas, le son vocalique produit sera celui de *ü* (*u* français), et si l'on atténue gra-

---

[1] CORSSEN, même ouvrage. — DU BOIS-REYMOND, *Kadmus* p. 146. — OLSHAUSEN, *Lehrbuch der hebräischen Sprache*, § 5. — RIEDL, *magyarische Grammatik*, § 9, 1.

duellement la combinaison R + P, on passera de
ü à *ó*, *e* (muet) et *ĕ* (sheva).

REMARQUES. — 1° C'est dans *ĕ* (sheva) qu'il
faut chercher cet *Urvocal* ou voyelle primitive que
MM. Villis et Ellis définissent « le son vocal sous
sa forme la plus élémentaire ».

2° Les voyelles *ü*, *ö*, *e*, *ĕ* peuvent être considérées, au point de vue physiologique, comme autant
de composés dans lesquels *u*, *ó*, *o* et *a* mineur sont
neutralisés par *i*, *é*, *ä* et *a* majeur.

3° Le sheva forme avec *a* mineur et *a* majeur un
triangle équilatéral dont le centre est occupé par
A pur.

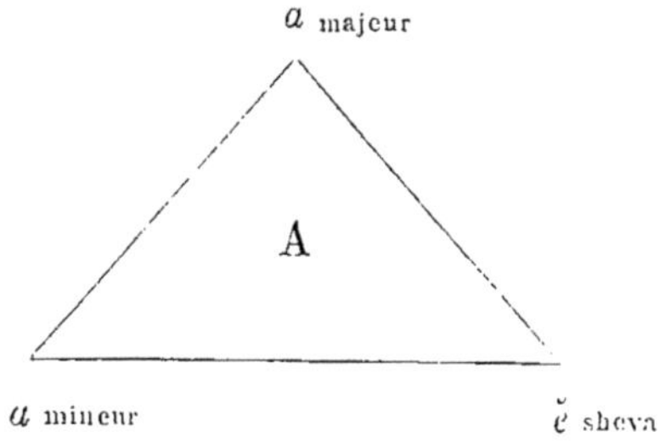

7. — Le système vocalique peut être figuré de la manière suivante :

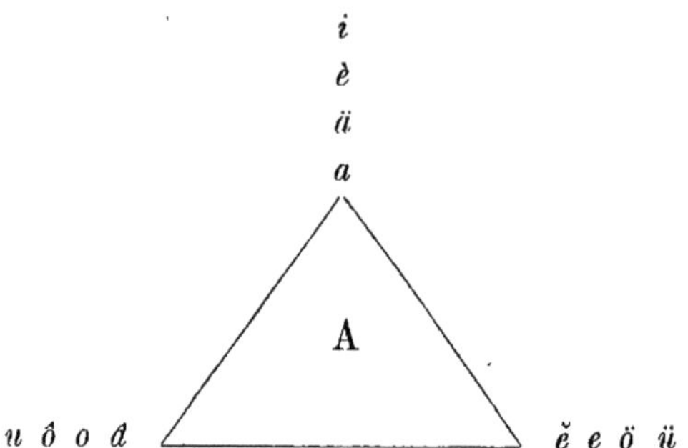

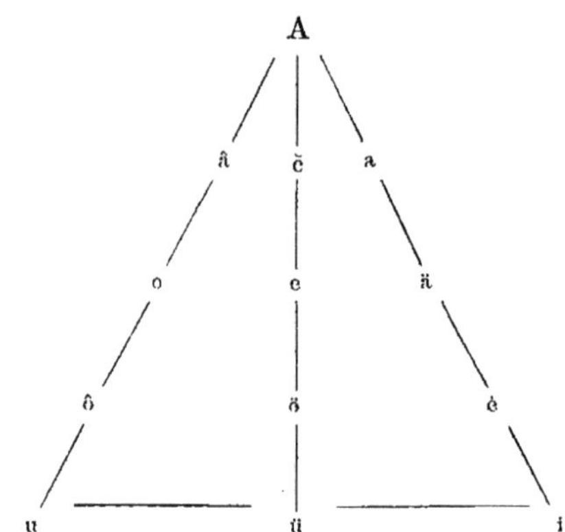

u, ô, o, â, A $\left\{\begin{array}{llll} a, & ä, & è, & i \\ ĕ, & e, & ö, & ü. \end{array}\right.$

8. — Une oreille exercée peut saisir, entre les

sons représentés ci-dessus, de nombreuses nuances qui constituent autant de voyelles. Mais quelque extension que l'on donne au vocalisme, tous les sons perçus appartiennent à l'une ou à l'autre des trois séries, dont les termes extrêmes sont *u, i, ü*.

La première série, caractérisée par une augmentation de la capacité buccale, due principalement au jeu des lèvres, peut être désignée sous le nom de série labiale ou inférieure.

La seconde, caractérisée par une diminution de la capacité buccale due à la position que prend la langue, forme la série linguale ou supérieure.

Enfin la troisième, qui est mixte, prendra le nom de série labio-linguale ou intermédiaire.

Schême des séries.

I. Formule R + R = u, ó, o, à. ⎫
II. Formule E + P = i, è, ä, a.   ⎬ A
III.Formule R + P = ü, ö, e, ĕ. ⎭

9. — La science est redevable de la théorie qui vient d'être exposée, au docteur Hellwag ([1]) et à

([1]) *Dissertatio inauguralis physiologico-medica de formatione loquelæ.* Die XX Maii MDCCLXXX, Tubingæ.

du Bois-Reymond père (¹). Ces deux savants ont synthétisé les résultats de leurs recherches dans deux tableaux devenus historiques.

*Tableau dressé par Hellwag, en **1780**.*

(Voyelles allemandes.)

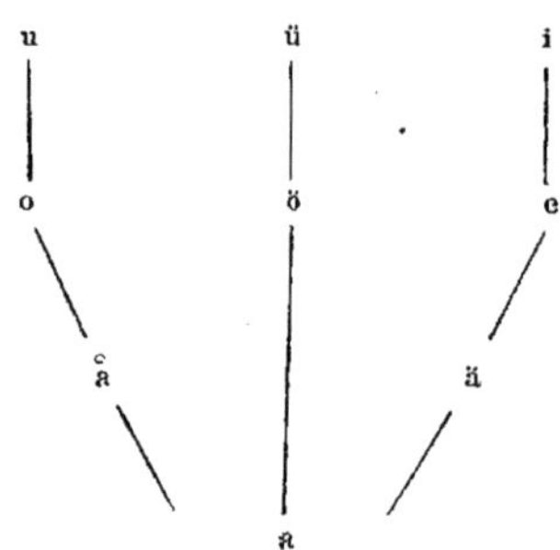

*Tableau dressé par du Bois-Reymond en **1811**.*

(Voyelles françaises.)

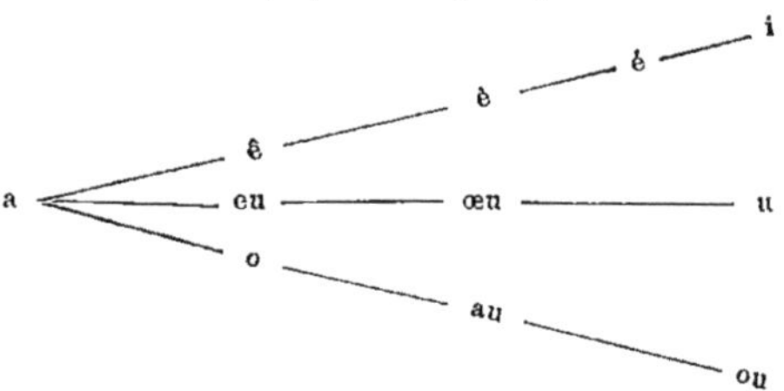

(¹) *Kadmus.* Extrait publié en novembre 1811 dans le *Journal mensuel* de Berlin.

Du Bois-Reymond n'eut connaissance du travail d'Hellwag qu'en 1813 ; mais, antérieurement, Chladni avait reçu du médecin hanovrien des communications qu'il a utilisées, d'abord dans l'édition française de son *Traité d'acoustique*, ensuite dans une monographie publiée en 1810, enfin dans une dissertation portant la date de 1824. A partir de cette époque, le tableau d'Hellwag, légèrement modifié, fut connu sous le nom de *Table vocalique de Chladni*.

La théorie sur laquelle était fondée cette table a été, depuis, adoptée par John Ellis [1], R. Lepsius [2], E. Brücke [3], H. Chavée [4], Max Müller [5], Helmholtz [6].

[1] *The Essentials of phonetics.*

[2] *Das allgemeine linguistische Alphabet.* Berlin, 1855.

[3] *Grundzüge der Physiologie und Systematik der Sprachlaute.* Vienne, 1856.

[4] *Français et Vallon.* Bruxelles, 1857.

[5] *Nouvelles Leçons sur la science du langage.* Traduction Harris-Perrot. Paris 1867.

[6] *Théorie physiologique de la musique.* Traduction Guéroult. Paris, 1868.

CHAPITRE II

—

ACOUSTIQUE

10. — Après avoir classé les voyelles dans l'ordre indiqué par les lois de la physiologie, le docteur Hellwag découvrit que cet ordre coïncidait avec celui dans lequel l'acoustique a disposé les sons musicaux.

« *Si vocales secundum scalam naturalem supra designatam successive pronuntientur, etiam ordo susurrorum* [le docteur avait étudié les voyelles dans la voix dite clandestine] *cum ordine tonorum in scala musica mire concordabit, ita ut* u *respondeat tono gravissimo, a medio, i acutissimo* ([1]). »

([1]) HELLWAG. *Dissert. inaug.*, etc.

Voici la gamme vocalique dressée, en 1780, par Hellwag (¹).

u	o	å	a	ö	ä	ü	é	i
ut,	*ut♯,*	*re♯,*	*fa♯,*	*sol♯,*	*la,*	*si♭,*	*si,*	*ut,.*

11. — Cette seconde découverte du médecin hanovrien a été récemment confirmée, dans ce qu'elle a d'essentiel, par les résultats auxquels est arrivé M. Helmholtz. Mais avant de donner l'échelle musicale des voyelles telle qu'elle a été déterminée par cet illustre physicien, il me paraît indispensable de résumer la théorie des sons vocaliques, en me plaçant cette fois au point de vue acoustique. « Le larynx humain, dit M. Wundt (²), est un tuyau à anche d'une espèce particulière. Il renferme deux anches membraneuses représentées par les cordes vocales inférieures, lesquelles jouissent de la faculté de modifier leurs dimensions et leur tension de manière à rendre des sons d'une

(¹) Voir MERKEL. *Anat. und Physiol. des Stimm- und Sprach-Org.,* p. 781.

(²) WUNDT. *Traité élémentaire de physique médicale.* Trad. Monoyer. Paris, 1871, p. 232.

hauteur variable. La cavité buccale remplit l'office de caisse de résonnance ; mais elle est trop courte, trop largement ouverte et possède des parois trop molles pour que son influence sur le son émis puisse aller jusqu'à en régler la hauteur ; elle borne son action à renforcer le son partiel correspondant aux vibrations propres de la masse d'air qu'elle renferme, et, de cette manière, elle intervient dans la phonation pour modifier le timbre de son chanté ou parlé.

« Ainsi, tandis que, dans la plupart des instruments à anche, la hauteur du son est déterminée par celle de la note que rend le tube de résonnance ; dans l'organisme de la voix, c'est l'anche elle-même qui règle la hauteur du son, et la caisse de résonnance n'a d'influence que sur le timbre. Or, comme la cavité buccale peut changer de formes et de dimensions, il en résulte que ce n'est pas toujours le même harmonique qui est renforcé, et que, par suite, le timbre de la voix présente une grande variété pour chaque son de même hauteur. C'est précisément cette faculté de modifier le timbre d'un son, sans en changer la hauteur, qui caractérise l'instrument humain et le distingue de tous les autres.

« Les divers timbres que peut prendre une même note émise par la voix, correspondent aux différences qui caractérisent les voyelles. On peut se convaincre de ce fait par une expérience très-simple : il suffit de produire dans la bouche un bruit quelconque, par exemple de souffler comme on le fait quand on parle à voix basse ou qu'on chuchote, c'est-à-dire sans que les cordes vocales entrent en vibration, ou bien de frapper les dents avec un corps métallique. Si on donne alors à la bouche la forme qu'elle prend quand on prononce une voyelle déterminée, le bruit entendu dans ces conditions offre le caractère de cette même voyelle. Les analyses des sons de la voix, faites à l'aide des méthodes fondées sur l'emploi des résonnateurs, ont démontré, d'une manière certaine, que telle est bien l'origine des différentes voyelles. »

12. — M. Helmholtz a dressé la gamme des voyelles en mesurant la hauteur des diverses résonnances déterminées par les modifications dont la capacité de la bouche est susceptible.

Quand la cavité buccale prend la forme d'une bouteille sans goulot, les voyelles sont caractérisées par une seule résonnance. Mais quand à la panse de la bouteille vient s'ajouter le goulot linguo-palatal, on obtient deux résonnances distinctes, dont l'une peut être considérée comme propre à la panse, et l'autre comme propre au goulot. Dans ce cas, les voyelles sont caractérisées par des résonnances aiguës qui sont les résonnances dominantes (résonnances propres au goulot), et par des résonnances graves subordonnées (résonnances propres à la panse).

Tableau des résonnances vocaliques.

RÉSONNANCES

Voyelles.	uniques.	dominantes.	subordonnées.
u	fa $_1$	»	»
o	si♭ $_2$	»	»
a	si♭ $_3$	»	»
ö	»	ut♯ $_4$	fa $_2$
ü	»	sol♯ $_4$	fa $_1$
ä	»	sol♯ $_4$	ré $_3$
é	»	si♭ $_4$	fa $_2$
i	»	ré $_5$	fa $_1$

Gamme des voyelles.

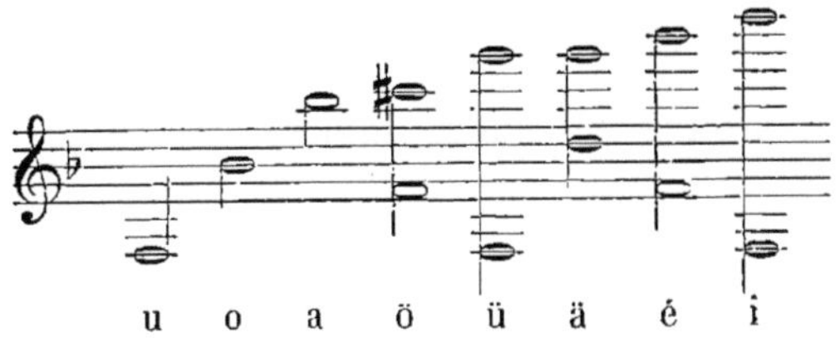

REMARQUES. — I. Les voyelles de la série *la-biale* ou *inférieure* sont caractérisées par les résonnances les plus basses ; les voyelles de la série *linguale* ou *supérieure*, par les résonnances les plus hautes ; les voyelles de la série *labio-linguale* ou *intermédiaire*, par des résonnances moyennes.

II. — La résonnance unique caractéristique de *u* constitue la résonnance subordonnée de *ü* et de *i*.

III. — La voyelle *a*, caractérisée par une résonnance unique, est l'*a* mineur que nous avons vu appartenir à la série labiale.

IV. — L'accord manifeste qui existe entre la sériation physiologique et l'échelle acoustique, nous permet d'assigner pour caractéristique à *e* muet une résonnance intermédiaire entre $si\flat_3 = a$ et $ut\sharp_4 = \ddot{o}$,

13. — La conclusion de ces deux premiers chapitres se trouve renfermée dans le schême qui suit:

Schême physiologico-acoustique.

Série linguale — *i, é, ä* — voyelles hautes.
Série labio-linguale — *ü, ö, e* — voyelles moyennes.
Série labiale — *a, o, u* — voyelles basses.

—

APPENDICE.

Du Bois-Reymond père a recueilli, dans la dernière édition de son *Kadmus,* un certain nombre de conceptions qui lui ont paru constituer une sorte de poésie de la théorie vocalique. Je les transcris à titre de curiosités.

I. *Timbre.* Les grosses cloches donnent les résonnances *u, o,* quand on les met en branle, et la résonnance *a* au moment où on cesse de les agiter. Le timbre des petites cloches se nuance de *ä* en *ü* et en *i*.

Les octaves inférieures du piano sont timbrées en *u* et en *o ;* les octaves supérieures en *ü, i*.

Le timbre du basson et celui du cor de chasse (allemand) tirent sur la nuance *u*.

La trompette lance dans l'oreille un *ä* criard.

Le tambour roule sur la résonnance *o-o-o*.

Le fifre est timbré en *ü*.

Lorsque l'on verse de l'eau dans une cruche ou dans une bouteille, on entend tout d'abord les voyelles *u, o ;* puis, à mesure que le vase s'emplit, son timbre s'élève successivement jusqu'à *i* par les intermédiaires *a, ä, é*.

Le grondement de la foudre, une salve de canon, une puissante chute d'eau s'annoncent au loin par de profondes résonnances en *o*. Un brusque coup de tonnerre fait entendre le son *ä*.

II. *Psychologie*. Le *Courrier de Berlin* a donné, dans son numéro du 29 janvier 1829, sous la signature de Saphir, une échelle sentimentale des voyelles.

a — joie, admiration.
é — contentement, repos, paix.
i — moquerie, ironie.
o — empêchement, retard, cessation.
u — mécontentement, douleur.

III. *Ethnographie* et *Géographie*. Après avoir trouvé dans les cinq doigts de la main la représentation du système vocalique quinaire (*u, o, a, é, i*), M. Lauth ([1]) a cru découvrir, dans le développement de ce même système, un symbole ethnographico-géographique ! !

L'Asie, berceau du genre humain et de la civilisation, correspond à la voyelle *a*. L'Europe, qui est un développement *aigu* du continent asiatique, se personnifie dans la voyelle *i*, terme *aigu* de la série linguale. L'Afrique, terre moins découpée et plus barbare, est représentée par la voyelle *u*. L'Amérique et l'Australie, placées à droite et à gauche de l'Asie, figurent les voyelles *é, o*, entre lesquelles apparaît la voyelle *a*.

Les sons *ä, ü, ö*, représentent, le premier, le continent arctique, le second le continent antarctique, le troisième l'Océanie.

Enfin, le système vocalique, pris dans son ensemble, correspond à la terre recouverte par la mer primitive, et les consonnes ont, pour pendant, les chaînes de montagnes.

([1]) *Das vollständige Universal-Alphabet.* Munich, 1855.

IV. *Couleurs.* Frappé des analogies qui existent entre la science des sons et celle des couleurs, M. Lepsius a construit un triangle chromatique qu'il a disposé parallèlement au tableau des voyelles dressé par du Bois-Reymond.

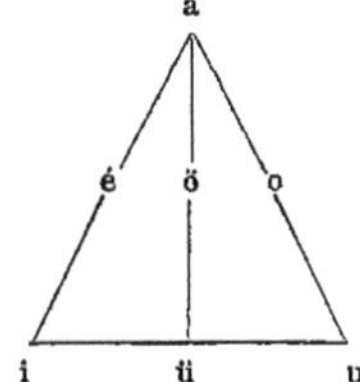

Triangle vocalique.

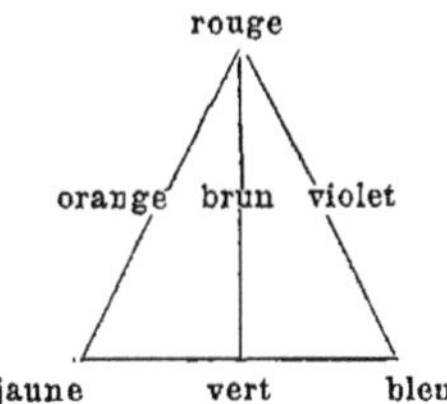

Triangle chromatique.

M. Chavée a modifié ces deux triangles ainsi qu'il suit :

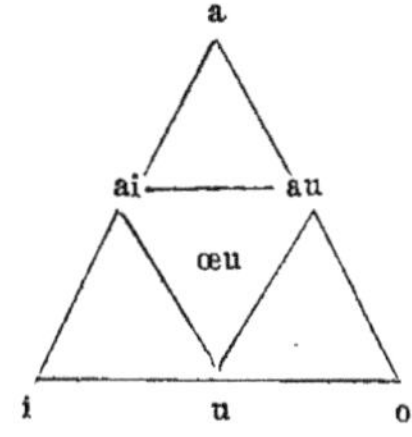

Triangle vocalique.

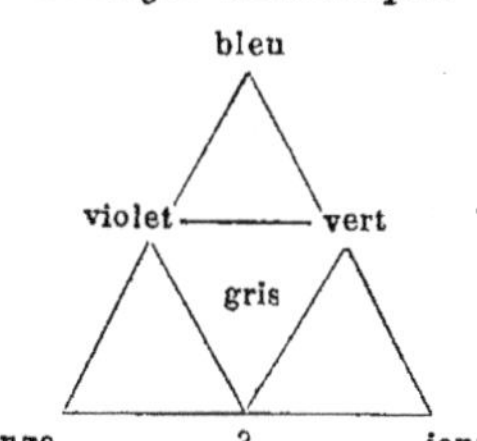

Triangle chromatique.

Enfin, M. Markwort a proposé les correspondances ci-après :

rouge,	bleu,	brun,	noir,	jaune,	blanc,	gris.
u,	*o,*	*au,*	*a,*	*e,*	*i,*	*ai.*

En réalité, le triangle chromatique, tel que la science l'a dressé ([1]), diffère essentiellement des triangles de MM. Lepsius, Chavée et Markwort.

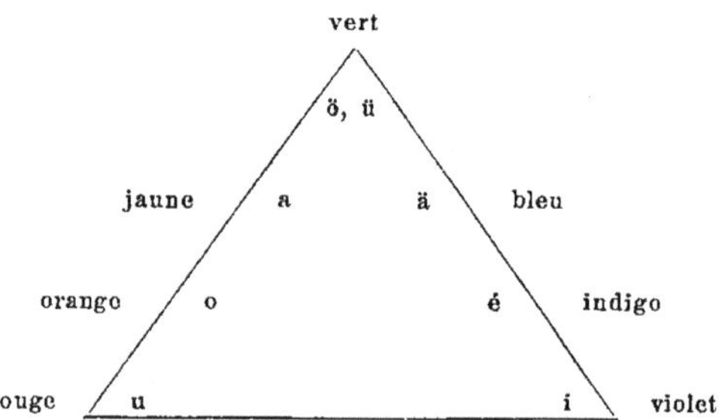

Triangle chromatique de Wundt

(avec insertion des voyelles dans l'ordre de la gamme).

En admettant qu'il y ait un rapport sérieux entre le spectre et la gamme, les voyelles basses correspondraient aux couleurs les moins réfrangibles (rouge, orange, jaune), les voyelles hautes aux couleurs les plus réfrangibles (violet, indigo, bleu), et les voyelles intermédiaires à la couleur verte, dont la réfrangibilité est moyenne.

([1]) Voir WUNDT, *Traité élémentaire de physique médicale,* p. 318.

CHAPITRE III

—

BASES DE L'HARMONIE VOCALIQUE

15. — La loi d'harmonisation, propre aux divers idiomes de la famille ouralo-altaïque, a pour base première la division des voyelles en deux classes dans certains groupes, en trois classes dans les autres.

Les voyelles de l'osmanli et du suomi, pris comme langues types, se divisent ainsi qu'il suit :

Osmanli.

Fortes : *u*, *o*, *a*, *e*.
Faibles : *ö*, *ü*, *é*, *i*.

Suomi.

Fortes : *u*, *o*, *a*.
Faibles : *ö*, *ü*, *ä*.
Neutres : *é*, *i*.

16. — En lisant ces deux tableaux de gauche à droite, on reconnaît immédiatement : 1° que la division osmanli est fondée sur la formation de deux groupes contenant, le premier les voyelles les plus basses, le second les voyelles les plus hautes ; 2° que les trois groupes de la division suomi renferment, le premier les voyelles les plus basses, le second les voyelles moyennes, le troisième les voyelles les plus hautes.

17. — La loi d'harmonisation se formule en ces termes :

I. *Langues du type osmanli.* — Un mot ne peut contenir tout ensemble des voyelles fortes et des voyelles faibles.

II. *Langues du type suomi.* — Un mot peut contenir des voyelles fortes et des voyelles neutres, ou des voyelles faibles et des voyelles neutres, mais non des voyelles fortes et des voyelles faibles.

Ces prémisses posées, j'aborde l'étude des phénomènes harmoniques dans les diverses langues de la famille.

CHAPITRE IV

—

EXPOSÉ DES PHÉNOMÈNES HARMONIQUES

18. — Dans son état actuel, l'harmonie vocalique se présente sous divers aspects. Elle peut être : 1° *binaire* ou *ternaire* ; 2° *absolue, thématique* ou *désinentielle* ; 3° *complexe* ou *simple* ; 4° *entière, partielle* ou *défective* ; 5° *normale* ou *anormale.*

L'harmonie *binaire* et l'harmonie *ternaire* ont été définies dans le chapitre précédent.

L'harmonie *absolue* régit le thème et ses suffixes, c'est-à-dire le mot entier. Sous ce régime, la classe de toutes les voyelles du mot est déterminée par la voyelle de la première syllabe.

L'harmonie *thématique* régit exclusivement les mots non dérivés.

L'harmonie est *désinentielle* quand l'application de la loi est restreinte aux voyelles des suffixes et que le caractère déterminant appartient à la dernière voyelle du thème.

L'harmonie est *complexe* lorsqu'à l'une des divisions précédemment indiquées s'ajoute une division nouvelle en voyelles lourdes et en voyelles légères.

L'harmonie est dite *entière*, *partielle* ou *défective*, suivant le nombre des exceptions que souffre l'application de la loi.

Enfin, l'harmonie est *anormale* dans les langues où certaines voyelles ont changé de classe.

I. — IAKOUTE.

17. — L'harmonie est binaire, absolue, complexe, entière et normale.

Les voyelles se divisent en deux classes.

Fortes : *u*,　*o*,　*a*,　*y*.
Faibles : *ö*,　*ü*,　*ä*,　*i*.

Remarque. — *Y* est la transcription de ЬІ slave, lequel correspond à *ù* aryaque. La prononciation de ЬІ est, d'après Reiff, celle du mot français « oui » prononcé en une seule syllabe et très-rapidement.

Elle est, d'après Heym, à peu près celle de *ü* allemand suivi d'un *i* très-bref. Il suit de là que *y* est une semi-diphthongue, dans laquelle le « *Grundlaut* » appartient à la classe forte.

18. — Les voyelles du iakoute, considérées au point de vue de la pesanteur spécifique, se divisent en deux classes contenant, l'une les trois voyelles extrêmes ainsi que la semi-diphthongue *y ;* l'autre les voyelles intermédiaires.

Légères : *u*,   *y*,   *ü*,   *i*.
Lourdes : *o*,   *a*,   *ö*,   *ä*.

19. — Les lois d'harmonie sont les suivantes :

I. Toutes les voyelles d'un même mot appartiennent à la même classe que la voyelle de la première syllabe.

II. Quand une syllabe renferme une voyelle lourde, la syllabe qui suit renferme cette même voyelle ou la voyelle légère correspondante.

Quand une syllabe renferme l'une des voyelles légères *y*, *i*, la syllabe qui suit renferme ou la même voyelle, ou la voyelle lourde correspondante.

Quand une syllabe contient l'une des voyelles légères *u*, *ü*, la syllabe qui suit contient ou la même voyelle, ou l'une des lourdes *a*, *ä*.

Tableau de la succession des voyelles.

a	est suivi de	*a*	ou	*y*
ä	—	*ä*	—	*i*
o	—	*o*	—	*u*
ö	—	*ö*	—	*ü*
y	—	*y*	—	*a*
i	—	*i*	—	*ä*
u	—	*u*	—	*a*
ü	—	*ü*	—	*ä*

L'application des lois d'harmonie se fait, dans les mots dérivés, en changeant les voyelles des suffixes, de telle sorte que ceux-ci se présentent sous quatre formes.

Ex. : *agha-ta, ädzä-lä, ogho-to, töbö-tö.*
agha-ny, ädzä-ni, ogho-nu, töbö-nü.

II. — OSMANLI.

20. — L'harmonie présente les mêmes carac-

tères qu'en iakoute. La division des voyelles est double.

1° Fortes : *u*, *o*, *a*, *e*.
  Faibles : *ö*, *ü*, *ä*, *i*.
2° Lourdes : *o*, *a*, *ö*, *ä*.
  Légères : *u*, *e*, *ü*, *i*.

REMARQUE. — Viguier définit la voyelle *e*, qui correspond à *y* du iakoute, « un *e* muet comme dans les monosyllabes *me*, *ne*, et faisant quelquefois entrevoir le son d'un *i* sourd ».

21. — Les lois harmoniques sont observées dans l'osmanli avec moins de rigueur que dans le iakoute, notamment en ce qui concerne la succession des voyelles, dont voici le tableau, pour les suffixes de déclinaison et de conjugaison.

a	est suivi de	*a*	ou	*e*
ä	—	*ä*	—	*i*
o	—	*u*	—	*a*
ö	—	*ü*	—	*ä*
e	—	*e*	—	*a*
i	—	*i*	—	*ä*
u	—	*u*	—	*a*
ü	—	*ü*	—	*ä*

III. — KOÏBALE.

22. — L'harmonie est ternaire, absolue, simple, entière et normale.

Les voyelles se divisent en trois classes.

Fortes : u, o, a.
Faibles : $ö$, $ü$, $ä$.

Moyennes : $\begin{cases} è, & y. \\ é, & i. \end{cases}$

REMARQUE. — Y représente un i sombre (das dunkle i) c'est-à-dire ЬI russe. $È$ représente un son très-voisin de $ö$. $É$ se prononce comme l'$é$ fermé du français.

Les deux moyennes $è$, y se remplacent fréquemment l'une l'autre ; elles appartiennent à la série labio-linguale.

La faible $ä$ se change souvent en $é$.

23. — *Lois d'harmonie.* I. Un mot peut contenir des voyelles fortes et des voyelles moyennes, ou des voyelles faibles et des voyelles moyennes, mais non des voyelles fortes et des voyelles faibles.

II. La classe des voyelles des suffixes se détermine ainsi qu'il suit :

Les thèmes dont l'une des voyelles est forte, prennent des suffixes à voyelles fortes ou moyennes. Ex. : *aba*, ours ; pl. *aba-lar*.

Les thèmes dont l'une des voyelles est faible, prennent des suffixes à voyelles faibles ou moyennes. Ex. : *ingä*, aiguille ; pl. *ingä-lär*.

Les thèmes renfermant l'une des moyennes sombres *è, y*, prennent des suffixes à voyelles fortes ou moyennes. Ex. : *kès*, jeune fille ; pl. *kès-tar*.

Les thèmes renfermant l'une des moyennes claires *é, i*, prennent des suffixes à voyelles faibles ou moyennes. Ex : *tîzik*, trou ; pl. *tîzik-tär*.

On voit qu'il existe manifestement, dans les voyelles *è, y*, une tendance à devenir des fortes, et dans les voyelles *é, i*, une tendance à devenir des faibles. A l'appui de cette observation, l'on peut citer la fréquence des mutations qui s'opèrent entre *a* et *è*, *è* et *y*, *é* et *i*. Ex. : *kargan*, vieux = *kèrgan; kès*, jeune fille = *kas; âlam*, faute = *âlèm; âlap*, héros = *âlèp; tjèltès*, étoile = *tjyltys; âgarèk*, malade = *âgaryk; alhèg*, large = *alhyg; én*, signe

= *in; ép*, courte = *ip; énéi*, femme mariée = *inéi; et*, viande = *it*, etc.

IV. — MONGOL ET KALMOUK.

24. — L'harmonie est ternaire, absolue, simple, entière et normale.

Les voyelles se divisent en trois classes.

> Fortes :   *u, o, a.*
> Faibles :   *ö, ü, ä*
> Neutre :   *i.*

Loi d'harmonie. — Un mot peut contenir des voyelles fortes et la voyelle neutre, ou des voyelles faibles et la voyelle neutre, mais non des voyelles fortes et des voyelles faibles.

V. — BOURIATE.

25. — L'harmonie est ternaire, absolue, simple, entière et normale.

Les voyelles se divisent en trois classes.

> Fortes :   *u, o, a.*
> Faibles :   *ö, ü, ä.*
> Moyennes :   *é, i.*

La loi d'harmonie est la même qu'en mongol.

VI. — TONGOUSE DE NERTSCHINSK.

26. — Comme en bouriate.

VII. — MANDCHOU.

27. — L'harmonie est ternaire, absolue, simple, entière et anormale.

Les voyelles se divisent en trois classes.

        Fortes : *ô, o, a.*
        Faible : *é.*
        Neutres : *u, i.*

La loi d'harmonie est la même qu'en mongol.

VIII. — SUOMI.

28. — L'harmonie est ternaire, absolue, simple, entière et normale.

Les voyelles se divisent en trois classes.

        Fortes : *u, o, a.*
        Faibles: *ö, ü, ä.*
        Neutres: *é, i.*

Loi d'harmonie. — Un mot peut contenir des

voyelles fortes et des voyelles neutres, ou des voyelles faibles et des voyelles neutres, mais non des voyelles fortes et des voyelles faibles.

IX. — KAMASSI-SAMOYÈDE.

29. — Comme en suomi.

X. — MAGYARE.

30. — L'harmonie est ternaire, absolue, simple (¹), normale, entière dans certains dialectes et partielle dans d'autres.

Les voyelles se divisent en trois classes.

Fortes : *u*, *o*, *a*.
Faibles: *ö*, *ü*.
Neutres: *e*, *i*.

(¹) L'harmonie est simple, encore bien qu'il existe entre les voyelles des différences de poids, au sujet desquelles M. Riedl dit, au § 10 de sa grammaire magyare : « In Hinsicht der Qualität ist *a* gewichtiger als *o*, dieses gewichtiger als *u*; ebenfalls *e* gewichtiger als *i*, *ö* gewichtiger als *ü*. »

Ainsi les voyelles extrêmes sont plus légères que les autres, et l'on peut dresser un tableau à peu près identique à celui des voyelles du iakoute (§ 18).

Légères : *u, ü, i*.
Lourdes : *a, o, ö, e, (ä, é)*.

Remarque. — M. Riedl ([1]) constate que le signe *e* représente trois voyelles différentes : 1° *e* commun correspondant à *ä ;* 2° *ë* dont le son est voisin de celui de *ö* (*ë* sombre du koïbale) ; 3° *é* nuance adoucie de *i*.

Dans la plupart des cas, *e* doit être considéré comme appartenant à la classe faible. De fait, dans les suffixes, cette voyelle s'oppose à *a*, comme *ö* à *o* et *ü* à *u*.

Le vocalisme du magyare comporterait donc la division suivante :

> Fortes :   *u, o, a*.
> Faibles : *ë, ö, ü, ä*.
> Neutres : *é, i*.

La loi d'harmonie est la même qu'en suomi.

31. — Dans le magyare proprement dit, les mots composés ne sont pas soumis à la loi d'harmonie. Ex. : *ablaküveg,* carreau de fenêtre = *ablak,* fenêtre + *üveg,* verre ; *kiraljnö,* reine = *kiralj,* roi + *nö,* femme.

Il en est autrement dans le dialecte de göczej,

____

([1]) *Magyarische Grammatik.* Vienne, 1858.

mais il importe de remarquer que les mots composés s'y harmonisent par voie d'assimilation régressive, contrairement à la règle fondamentale suivant laquelle la classe des voyelles est déterminée par la voyelle de la syllabe initiale. Ex. : *kőstők*, testicules de bélier = *kos*, bélier + *tők*, testicules ; *nepestig*, jusqu'au soir = *nap*, soleil + *este*, soir + *ig*, jusqu'à.

32. — Comme conséquence de l'inapplication de la loi d'harmonie aux mots composés, la voyelle des suffixes caractéristiques des cas équatif et temporal demeure invariable. Ex. : *asztal-kép*, comme table; *ember-kép*, comme homme ; *tavasz-kor*, au printemps; *dél-kor*, à midi. *Kép* et *kor* sont, en effet, deux mots indépendants ; le premier signifie « image, forme », le second « âge, temps ».

33. — L'harmonisation des voyelles par voie d'assimilation régressive se produit assez souvent dans les mots non composés empruntés aux langues étrangères. Ex : *borotva*, rasoir = slav. *britva*; *csöbör*, cuve = allem., *Zuber*; *gesztenje*, châtaigne = allem., *Kastanie*.

XI. — OSTIAKE.

34. — L'harmonie est ternaire, thématique, simple, partielle et normale.

Les voyelles se divisent en trois classes.

Fortes :   *u, o, a.*
Faibles :   *ö, ü.*
Neutres: *e, i.*

REMARQUE. — Le signe *e* représente tantôt la voyelle labio-linguale *ä,* tantôt la voyelle linguale *è.*

La loi d'harmonie est observée dans les mots simples, mais non dans les mots dérivés.

XII. — MOKSCHA-MORDOUINE.

35. — L'harmonie est binaire, désinentielle, simple, partielle et normale.

Les voyelles se divisent en deux classes.

Fortes :   *u, o, a, y.*
Faibles: *ä, é, i.*

On trouve dans ce dialecte un assez grand nom-

bre d'applications de la loi d'harmonie aux suffixes ; mais comme beaucoup de thèmes renferment
cumulativement des voyelles fortes et des voyelles
faibles, c'est d'ordinaire la voyelle de la dernière
syllabe du thème qui détermine la classe à laquelle
appartiendront les voyelles des suffixes.

XIII. — ERSA-MORDOUINE.

36. — L'harmonie est ternaire, désinentielle,
simple, partielle et anormale.

Les voyelles pouvant entrer dans la composition
des suffixes se divisent en trois classes.

Fortes : o, y.
Faibles: $é$, i.
Neutre : a.

Les voyelles u et $ä$ sont exclusivement théma-
tiques.

XIV. — ESTHONIEN DE VERRO.

37. — L'harmonie est ternaire, absolue, simple,
presque entière et anormale.

Les voyelles se divisent en trois classes.

> Fortes :   *u*, *ô*, *a*.
> Faibles : *ü*, *ä*.
> Neutres : *é*, *i*, (*o*, *ô*, dans les suffixes).

XV. — SYRJÊNIEN.

38. — L'harmonie est binaire, désinentielle, partielle et normale.

Les voyelles se divisent en deux classes.

> Fortes :   *ô*, *a*, *y*.
> Faibles : *ä*, *é*, *i*.

XVI. — ESTHONIEN, VOTIAKE, TCHÉRÉMISSE DES MONTAGNES ET DIALECTES SAMOYÈDES.

39. — L'harmonie est défective, c'est-à-dire réduite à quelques vestiges ne permettant pas d'en préciser les caractères.

CHAPITRE V

—

DES CONSONNES DANS LEUR RAPPORT AVEC LA LOI D'HARMONIE.

40. — Il existe, dans un assez grand nombre de langues ouralo-altaïques, d'étroits rapports d'affinité entre certaines consonnes et les voyelles de telle ou telle classe. Tantôt le *bruit* consonnantique se renforce ou s'affaiblit sous l'influence du *son* auquel il est uni; tantôt, au contraire, le son est modifié par l'action de la consonne. De là deux ordres de phénomènes : 1° modification du bruit par le son ; 2° modification du son par le bruit ([1]).

([1]) M. Röhrig a émis, au sujet des phénomènes vocalo-consonnantiques, l'hypothèse singulière que la division des voyelles en *trois* classes serait le résultat de la présence, dans *toutes* les langues altaïques, de *deux* consonnes K !

I

41. — BRUIT LINGUO-PALATAL. — L'osmanli, le koïbale, le mandchou, le mongol et le kalmouk possèdent deux séries de consonnes linguo-palatales spécialement affectées, l'une aux voyelles de la classe forte, l'autre aux voyelles de la classe faible et de la classe neutre.

Osmanli. — Le kâf (*k* dur) et le ghain (*g* dur) s'unissent exclusivement aux voyelles fortes ; le kief (*k* mouillé) et le sagyrnun (*g* mouillé), exclusivement aux voyelles faibles [1].

Koïbale. — Les consonnes *K,G* s'articulent avec les voyelles fortes, en faisant entendre un bruit guttural caractéristique.

Mandchou, mongol et kalmouk. — Les bruits *K,G* s'aspirent en *kh*, *gh*, au contact des voyelles fortes.

Ostiake. — Les consonnes linguo-palatales s'aspirent devant les voyelles fortes.

[1] Voir BÖHTLINGK, *Ueber die Spr. d. Jak.*, § 132 ; SCHOTT, *Ueber das alt. Spr* , p. 101.

ADAM.   4

Bouriate. — Le bruit *K* se renforce lorsqu'il précède l'émission d'une voyelle forte.

42. — BRUIT LINGUO-DENTAL. — La consonne *T*, placée devant une voyelle forte, se prononce, en koïbale et en bouriate, avec une emphase marquée.

Le mandchou possède deux séries de consonnes linguo-dentales, mais ce dualisme parait être purement scriptural.

43. — Le bruit *S* se renforce, en koïbale et en bouriate, lorsqu'il précède l'émission d'une voyelle forte.

Le bruit *L* se renforce, dans les mêmes circonstances, en iakoute, en osmanli, en mongol, etc.

Enfin, selon Castrén, il existe une légère différence dans la prononciation de toutes les consonnes, suivant qu'elles précèdent des voyelles fortes, ou des voyelles faibles.

44. — La palatale *J* et les consonnes mouillées *tj, dj, lj*, etc., jouissent, dans quelques idiomes, de la propriété de transformer les voyelles fortes en voyelles faibles, ou en voyelles neutres.

Koïbale. — *U*, précédé de *j* ou d'une consonne

mouillée, se prononce à peu près comme la faible *ü*.
A, mis à la suite de *j*, s'affaiblit en *ä*.

Mokscha. — Les thèmes terminés par une consonne mouillée prennent des suffixes à voyelles faibles. Ex. : *lomanj*, homme, fait au caritif, *lomanj-ftemä*, sans homme ; *kalj*, saule, fait à l'ablatif, *kaljdä*.

Ersa. — La classe des voyelles des suffixes est déterminée, ou par la dernière voyelle du thème, ou par sa consonne finale. Si celle-ci est un *J* ou une consonne mouillée, les voyelles du suffixe appartiendront à la classe faible.

Les voyelles faibles peuvent déterminer le mouillement de la consonne qui les précède.

Syrjénien. — Comme en Ersa.

CHAPITRE VI

—

DE L'HARMONIE EN DEHORS DE LA FAMILLE OURALO-ALTAÏQUE.

45. — Avant de chercher à préciser le rôle que l'harmonisation des voyelles a joué dans la formation des langues ouralo-altaïques, j'ai à établir, contrairement aux assertions de MM. Rœhrig (¹) et Terrien-Poncel (²), que l'harmonie et ses lois n'ont absolument rien de commun avec les divers phénomènes vocaliques observés dans les idiomes appartenant à d'autres familles.

46. — *Zend*. M. Terrien voit un cas d'harmonisation dans l'épenthèse des voyelles *i, u*. On sait

(¹) *Éclaircissements sur quelques particularités des langues tatares et finnoises.* Paris, 1845.
(²) *Du Langage.* Paris, 1867.

qu'en zend, les voyelles *i, é, u* et les semi-voyelles *y, v*, venant à la suite des consonnes *t, th, d, dh, p, b, w, n, s, r*, « font naître devant lesdites consonnes un son purement adventice et étymologiquement superflu : *i, é, y* appellent ıe son *i; u, v* appellent le son *u* (¹) ». Ex. : sk. *abhi* = z. *aiwi*, sk. *ati* = z. *aiti*, sk. *api* = z. *aipi*, sk. *pati* = z. *paiti*, sk. *vahaté* = z. *vazaité*, sk. *varya* = z. *vairya*, sk. *sarva* = z. *haurva*, sk. *taruna* = z. *tauruna*, etc.

Entre ce phénomène épenthétique, lequel consiste dans l'intercalation d'une voyelle adventice, sous une influence régressive qui laisse intactes les voyelles du mot, et le procédé harmonique, dont le principe essentiel est l'influence exercée par la voyelle de la syllabe initiale sur toutes les voyelles subséquentes, il n'existe évidemment aucun rapport pouvant servir de base à un rapprochement.

47. — *Celtique*. Selon M. Rœhrig, le principe d'harmonisation serait commun aux langues tartares et aux idiomes celtiques. En effet, non seulement les voyelles de ces derniers se divisent en

____

(¹) Abel HOVELACQUE. *Grammaire de la langue zende*. Paris, 1869.

fortes (*a, o, u*) et en faibles (*é, i*), mais encore on trouve dans leur phonétique, une loi dont le simple énoncé peut faire illusion.

Caol   re   caol   is leathan   re   leathan.
Faible   avec   faible   et   forte   avec   forte.

Il semble bien que nous soyons en présence de la loi harmonique précédemment formulée. Quelques lignes de M. Terrien-Poncel vont nous montrer qu'il n'en est rien.

« Dans son application aux voyelles, dit cet auteur, la règle *caol*, etc., consiste en ce que deux voyelles de nature différente ne peuvent se succéder immédiatement dans deux syllabes consécutives d'un même mot; ce qui revient à dire que toute consonne doit être enfermée entre deux voyelles de même espèce. Lorsque le cas vient à se présenter, on intercale une voyelle forte ou une voyelle faible, suivant le besoin, pour rétablir la concordance. Ainsi, par exemple, le suffixe -*im*, ajouté à la racine *dagh*, brûler, ne forme pas *dagh-im* mais *dagha-im*, parce que l'*a* et l'*i*, étant de nature différente, ne peuvent se succéder immédiatement dans les deux syllabes, et qu'il faut intercaler un *a*, tandis que dans *tigh-im*, je viens, la concordance rend cette intercalation inutile. Le suffixe diminutif *-og* ajouté à la racine *fill*, plier, forme *fill-é-og*, pli, et non pas *fill-og*; ici, on intercale un *é* pour établir la concordance avec *i* voyelle faible ([1]). »

On voit que la réalité ne répond nullement à l'apparence.

48. — *Osque*. « En osque, dit M. Terrien ([2]), même procédé euphonique d'une excessive délicatesse; ainsi *comono* fait au datif *come-nei; tovto* donne à l'accusatif *tavtam*. »

Le phénomène consiste dans l'assimilation régressive d'une voyelle du thème, par la voyelle du suffixe. Or, rien n'est plus manifestement contraire au principe de l'harmonisation altaïque.

49. — *Allemand*. Suivant le même auteur, l'*Umlaut* serait une application de la loi d'harmonie. Ex. : *Fuss*, pied, pl. *Füsse; Brand*, tison, pl. *Brände; Korn*, grain, pl. *Körner; Jahr*, année, *jährig*.

Pour écarter ce rapprochement, il suffit de cons-

([1]) TERRIEN-PONCEL. *Du Langage*, § 73.
([2]) Même ouvrage, § 74.

tater, avec Bopp, que l'assimilation de la voyelle thématique par la voyelle du suffixe est un phénomène régressif analogue à l'épenthèse ([1]).

50. — *Telugu*. M. Julien Vinson a bien voulu me communiquer la note suivante.

« L'harmonisation des voyelles, telle qu'elle est en usage dans les idiomes ougriens, n'existe pas dans les langues dravidiennes. L'étude des divers rameaux de la famille démontre qu'elle était inconnue au parler primordial d'où sont sortis, dans la suite des temps et après l'invasion aryenne, le tamoul, le canara, le télinga et leurs congénères.

« Cependant M. Caldwel, dans sa *Comparative Grammar of the dravidian languages*, incline à supposer le contraire en s'appuyant sur un double fait de phonétique spécial au télinga (*clugut*u o) et dans lequel il voit une analogie parfaite avec l'harmonisation vocalique finno-tartare.

« Ce fait est le suivant : 1° avec des radicaux terminés en *i* (*i* ou *ai*) les suffixes nominaux -*ku*,

---

([1]) Bopp. *Grammaire comparée des langues indo-européennes.* Trad. Bréal, §§ 73, 74, 75.

à, et verbaux *nu*, je, *vu*, tu, qui restent tels après toutes les autres voyelles, deviennent *ki*, *ni*, *vi*. Ex. : *Katti-ki*, au couteau, *tchêsti-ni*, j'ai fait, *kavi-vi*, tu es poëte, comparés à *anna-ku*, au frère aîné, *tchêsé-nu*, je ferai, *sêva-kunda-vu*, tu es serviteur ; — 2° devant le suffixe pluriel *lu*, l'*i* final thématique devient *u* : *Kattu-lu*, couteaux. Analysons ce fait.

« 1° Il faut écarter les variations des suffixes verbaux *nu = ni*, *vu = vi*, car ces suffixes sont les représentants tronqués des pronoms *nân*, je (peut-être *nâ*), et *nî*, toi, devenus *nânu*, *nênu*, *nîvu* par l'addition postérieure de finales adventices ; l'*u* variable en *i* n'est donc pas radical, et d'ailleurs la comparaison des dialectes et l'étude de la phonétique dravidienne montrent que la voyelle adventice *u* était une voyelle stable dont la modification possible en télinga est le fait du travail qui s'est opéré dans le cours de la vie de cet idiome.

Cette seconde raison s'applique au suffixe datif dont la forme primitive restituable est *-ku*.

« 2° Dans l'altération subie par l'*i* thématique devant le *-lu* de pluralisation, il y a un phénomène inverse à l'harmonisation finno-tartare. De plus, si la voyelle influée est radicale, la voyelle influente est adventice ; car *-lu* du télinga est encore le représentant tronqué d'un suffixe en *-lj* conservé sous la forme *galj* ou *kalj* en tamoul et en malayala, *galju* en canara moderne (*galj* en vieux canara), *lju* et *kulju* en tulu ; en télinga, le *lj* cérébral se réduit souvent à un *l* dental. Il est donc également vraisemblable que nous avons affaire ici à un pur phénomène euphonique.

« En conséquence nous devons conclure que les altérations vocaliques signalées en télinga constituent simplement un fait isolé spécial à ce dialecte, mais étranger au dravidien primitif. Il n'y a donc pas, dans les langues dravidiennes, d'harmonie vocalique semblable à celle des idiomes finno-tartares.

« Ajoutons que le télinga est incontestablement la plus récente et la plus altérée des langues du Deccan, et que M. de Caldwel montre partout, dans son livre exellent du reste, une tendance très-marquée à rapprocher les langues dravidiennes des idiomes finnois. »

51. — M. Terrien-Poncel signale, en outre,

comme possédant la loi d'harmonisation, plusieurs langues de l'Océanie, de l'Afrique australe et du Népaul; mais il ne cite aucun fait à l'appui de cette allégation. Enfin, selon cet auteur, « le woloff offre un système remarquable d'assimilation des articles qui modifient non-seulement leurs voyelles, mais aussi leurs consonnes » (¹).

Le phénomène indiqué consiste en ce que les articles *ba, dhia, gua,* etc., se placent après les noms de choses ou de personnes éloignées, et que ces mêmes articles se changent : en *by, dhy, guy,* etc., lorsqu'il s'agit de choses ou de personnes présentes; en *bou, dhiou, gou,* etc., dans le cas où les objets dont on parle sont proches, sans toutefois être visibles. Mais le choix entre les différentes formes, composant chacune de ces trois séries, ne dépend nullement de la classe à laquelle appartiennent les voyelles du mot. Ex. *Mpithic-ya,* les oiseaux, *mbartou-my,* l'agneau, *dié-you,* les marchés, etc.(²). Il n'y a donc aucun rapprochement à tenter entre ce phénomène et l'harmonisation.

(¹) TERRIEN-PONCEL. *Du Langage,* § 77.
(²) DARD. *Grammaire wolofe.* Paris, 1826, § 7 et suivants.

CHAPITRE VII

—

ORIGINE ET FONCTIONS DE LA LOI D'HARMONIE.

52. — La loi d'harmonie a-t-elle pris naissance dans les langues du Touran, à une époque relativement récente ? Est-elle au contraire une loi primitive datant de la période d'unité, et n'y faut-il voir que l'effet d'une disposition organique, commune à un certain nombre de peuples ? La loi dont il s'agit n'a-t-elle qu'une portée purement euphonique, ou bien remplit-elle une fonction soit grammaticale, soit lexiologique ?

Enfin, comment expliquer que l'harmonisation soit parfaite dans certaines langues et défective dans plusieurs autres ?

Telles sont les diverses faces du problème que je vais essayer de résoudre.

53. — La supposition que la loi d'harmonie se serait établie, dans le domaine touranien, à une époque récente, est écartée sans hésitation par M. Böhtlingk. Mais comme l'illustre linguiste ne peut se résoudre à admettre que les langues ouralo-altaïques forment une famille naturelle, il incline à voir, dans l'harmonisation des voyelles, le résultat d'une disposition des organes de la parole propre à certains peuples; et il explique l'abrogation partielle ou totale de la loi, par les mélanges qui se sont opérés fréquemment, dans le cours des âges, entre quelques-unes des tribus tchoudes et des peuplades appartenant à d'autres races. Ainsi, la loi d'harmonie, contemporaine de la formation des idiomes altaïques, relève exclusivement de la physiologie ; et les langues où son empire est absolu, se sont conservées dans leur état originel.

54. — Cette conséquence nécessaire du principe posé par M. Böhtlingk est directement contredite par des faits que l'étude des monuments les plus anciens de la langue magyare a mis récemment en lumière.

Tandis qu'aujourd'hui les suffixes *-nek, -bele,*

-ben, -seg, -ne, -szër, changent de voyelle, lorsqu'ils s'adaptent à des thèmes dont les voyelles sont fortes, on trouve dans le *Leichenrede*, monument datant du XIIe siècle, des formes antiharmoniques comme : *halal-nek, pucul-nek, foïa-nek, nugulma-bele, uru-zag-bele, malaszt-ben, jou-ben, tiszta-seg, an-ne, aza-ne, mazod-szër*, etc.

Du *Leichenrede* aux textes du XVe siècle, le progrès de l'harmonisation est sensible : *malaszt-ben* et *jou-ben* ont fait place à *malaszt-ban* et à *jô-ban*, *nugulma-bele* à *njugalom-ba*, etc. ; mais il reste encore bien des formes rebelles, sur lesquelles le niveau va passer pendant quatre siècles. Il y a donc eu en magyare, c'est-à-dire dans les dialectes de la basse Hongrie, un développement harmonique duquel il faut conclure que l'hypothèse physiologique doit être rejetée. En effet, on ne peut admettre qu'une disposition organique ait été s'aggravant, alors que les progrès de la civilisation, la multiplicité des contacts, et la fréquence des mélanges tendaient fatalement à l'atténuer.

C'est donc exclusivement à la linguistique qu'il faut demander le secret de la loi d'harmonie.

Schleicher ne s'y était pas trompé, et l'on peut dire qu'il a eu le pressentiment de la vérité, lorsqu'il a dit dans son livre des *Langues de l'Europe :* « Les idiomes tartares sont soumis à une loi qu'on ne saurait, ce semble, rencontrer nulle part ailleurs. Les voyelles des syllabes de *relation* sont forcées de se mettre en harmonie avec les voyelles des syllabes de *signification*. C'est là une manière toute particulière d'assurer à la fois et l'unité du mot et la prédominance de la *signification* sur la *relation*. »

L'honneur d'avoir établi, sur une base scientifique, la théorie ébauchée dans ce remarquable passage, revient à M. Riedl.

« On a, dit-il (¹), souvent essayé de pénétrer la nature intime de la loi d'harmonie, mais il n'est pas à ma connaissance qu'on y soit encore parvenu. Plusieurs ont prétendu qu'elle est le résultat d'une tendance euphonique instinctive ; mais cela me paraît bien difficile à admettre, car on ne peut se dissimuler qu'une harmonisation, aussi absolue que celle du magyare, aboutit forcément à une

---

(¹) RIEDL. *Magyarische Grammatik*, § 18.

monotonie, peu faite pour flatter le sentiment euphonique. Qu'une langue puisse trouver quelque
satisfaction dans des formes aussi fastidieuses que
felemelkëdhetendenek ou *kegjetlenkëdésének*, et qu'elle
se complaise dans la répétition des mêmes voyelles
dans toute l'étendue d'une période et d'une phrase,
voilà qui, bien certainement, ne pourra jamais
s'expliquer par des considérations empruntées à la
physiologie !

« L'harmonisation n'est pas non plus, ainsi que
l'a enseigné Pott, le résultat d'une assimilation
purement mécanique. En effet, si tel était son principe, nous la verrions se produire dans tous les
groupes de syllabes, dans les mots composés comme
dans les mots dérivés, déclinés et conjugués. Or,
dans la composition, c'est-à-dire dans l'association
formée par deux thèmes également doués de *signification*, les voyelles ne subissent aucun changement.
(Voir ci-dessus §§ 31 et 32.)

« C'est précisément parce que la formation des
composés est purement mécanique, que ces groupes
sont rebelles à l'action de la loi d'harmonie. Au
contraire, cette même loi produit tout son effet, du

moment où l'un des mots associés, après avoir perdu la *signification* qu'il possédait originellement, est devenu un simple suffixe de relation. Les témoignages historiques, fournis par les monuments littéraires les plus anciens, nous font toucher du doigt que la transformation d'un radical en suffixe, la perte de l'accent, et l'assujettissement des voyelles à la loi d'harmonie, sont des phénomènes étroitement liés entre eux.

« Par là, se révèle la nature propre de l'harmonie vocalique. Aussi, croyons-nous être dans le vrai, en affirmant qu'elle a pour raison d'être une fonction d'ordre intellectuel ; qu'elle constitue le mode le plus énergique par lequel le langage puisse manifester sa tendance à établir, sur un fondement organique, l'unité de signification.

« Grâce à l'harmonie, le mot cesse d'être un simple agrégat, et devient un tout organique fortement constitué, au sommet duquel se dresse le radical, qui domine le groupe et dans lequel réside la signification. Le résultat auquel les langues à flexion sont arrivées, en déformant les radicaux employés comme suffixes, a été obtenu par les

langues du Touran, au moyen de mutations vocaliques régulières. Ce procédé, qui n'entraîne pas
l'annihilation phonétique du suffixe, et laisse sub-
sister à côté l'un de l'autre les éléments du composé, imprime suffisamment le caractère de simple
exposant au radical dépossédé de sa signification
absolue. »

56. — L'harmonie vocalique ayant pour fonction de transformer des radicaux en suffixes,
et l'histoire attestant que ce travail s'est pour-
suivi depuis le XIIe siècle jusqu'à nos jours, nous
sommes en mesure de résoudre le problème relatif
à l'antiquité de la loi d'harmonie. Ce qui s'est fait,
durant la période historique de la vie du magyare,
n'est que la continuation de ce qui s'était fait antérieurement. Si donc, il nous était possible de
remonter le courant de la langue au delà du *Leichenrede,* nous verrions le nombre des mots composés s'accroître et celui des mots dérivés diminuer
d'autant. En d'autres termes, nous verrions l'empire de la loi d'harmonie aller toujours se restrei-
gnant, et nous finirions par ne plus rencontrer que
des radicaux monosyllabiques pouvant se composer

par simple juxtaposition, mais non se subordonner entre eux de manière à former des mots véritables marqués au coin de l'harmonisation.

Soient deux radicaux : *fa*, arbre, et *vel* (*veli*), compagnon : *fa-vel*, arbre-compagnon, sera le composé inharmonique de ces deux éléments nominaux, également doués d'une signification propre. Mais après que *vel* aura été successivement juxtaposé à un certain nombre de radicaux, il tendra à manifester, d'une façon sensible, qu'il perd en se composant sa signification originelle de « compagnon », et qu'il joue par rapport au radical, placé en tête, le rôle d'exposant de la relation « avec ». A un moment donné, l'instinct linguistique exige que cette subordination soit rendue visible. Aussitôt il se produit, dans les profondeurs de cet instinct, un acte non moins mystérieux que la germination du grain de blé confié à la terre. *Vel* change sa voyelle faible en voyelle forte ; réduit à la condition de serviteur, le radical dépossédé revêt la livrée de son maître. Au lieu du composé *fa-vel*, arbre-compagnon, nous avons le dérivé *fa-val*, arbre-avec.

C'est ainsi que le travail lexiologique a commencé. Des radicaux se juxtaposent, et par l'emploi du procédé d'harmonisation, leurs composés deviennent des mots bisyllabiques. A leur tour, ceux-ci se composent avec d'autres radicaux, et ces nouveaux agrégats passent, en s'harmonisant, à l'état de trisyllabes dérivés. L'élaboration se poursuit de la sorte, l'harmonie étant la navette infatigable, qui passe et repasse dans la trame des juxtapositions mécaniques.

57. — Telle a été la marche suivie par les dialectes, qui sont devenus la langue magyare : telle a été également celle du iakoute, de l'osmanli, du suomi et du mongol ; mais tous les idiomes altaïques ne se sont pas développés aussi régulièrement. Tantôt l'élaboration a été lente et incomplète — c'est le cas des dialectes magyares du Sud, où se sont produits des phénomènes d'assimilation régressive étrangers au génie de la langue, — tantôt les résultats acquis ont été compromis partiellement, et même dans leur entier, par l'influence prépondérante d'idiomes inharmoniques. Le vocalisme ayant été atteint principalement dans la série labio-lin-

guale, l'harmonie a été détruite. Cependant, il en est resté partout des débris assez considérables pour qu'il soit hors de doute qu'à une époque, peut-être rapprochée, toutes les langues ouralo-altaïques étaient soumises à la loi de l'harmonisation des voyelles.

58. — A moins d'imaginer que vingt tribus, disséminées au hasard sur la steppe d'Asie, se soient rencontrées fortuitement dans l'adoption d'un procédé lexiologique inusité partout ailleurs, il faut admettre : ou que l'harmonisation est l'effet d'une cause physiologique non définie — hypothèse contredite par l'histoire et par les faits eux-mêmes — ; ou qu'elle résulte nécessairement de l'état d'agglutination dans lequel les idiomes du Touran se sont maintenus — explication illusoire, puisque les langues dravidiennes sont tout ensemble inharmoniques et agglutinantes — ; ou enfin, qu'avant de gagner leurs cantonnements respectifs, les tribus ouralo-altaïques avaient vécu réunies, sur un point quelconque et à une époque indéterminée, pendant laquelle leurs langues, aujourd'hui distinctes et séparées les unes des autres par des différences plus

ou moins considérables, se confondaient dans l'unité d'un parler primordial.

REMARQUE. — On a constaté, dans certaines langues touraniennes, l'apparition, d'ailleurs accidentelle, de phénomènes vocaliques tout à fait étrangers au régime de l'harmonie proprement dite. C'est dans la syllabe radicale elle-même que la mutation vocalique se produit ; et il arrive le plus souvent qu'en passant de l'ordre fort à l'ordre faible, le mot prend une signification qui forme avec la signification première une véritable antithèse :

Mand. *ama*, père ; *eme*, mère.

      amba, beau-père ; *emhe*, belle-mère.

      haha, homme ; *hehe*, femme.

      amila, oiseau mâle ; *emile*, oiseau femelle.

      ganggan, esprit fort; *genggen*, esprit faible.

      vasime, descendre ; *vesime*, monter.

Osm.   *olmaq*, devenir; *ölmék*, mourir.

Magy. *ott*, là ; *itt*, ici.

Magy. *az*, jener ; *ez*, dieser.

      oda, dahin ; *ide*, daher, etc.

Parfois aussi la voyelle radicale s'affaiblit sans que la signification du mot soit modifiée :

Mong. *abu, ebu-ge :* père.

      bakdara, bekdere : trembler de froid.

Mong. *bakim, beki* : fort.

    churija, kürije : entourer.

    toghori, tegeri : faire tourner.

    asa, ese : non.

Suom. *puuhkia, pöyhkiä* : enflé.

    tarma, tärmä : force-corporelle.

    tarkha, tärkiä : aigu.

Osm. *oghuf, öküf* : bœuf, etc.

M. Ballagi signale comme analogue aux effets de l'*Ablaut* germanique la différenciation que le changement de voyelle produit dans la signification des mots suivants :

    ár, valeur ; *ér-ni*, valoir.

    csal-ni, tromper ; *csel*, ruse.

    lab, pied ; *lép-ni*, marcher, etc.

Enfin, dans la plupart des langues ouralo-altaïques, la formation du plurieldes pronoms personnels implique un changement de la voyelle radicale :

	Sing.		Plur.	
Mand.	1. *bi* ;	2. *si* ;	1. *be* ;	2. *suwe*.
Toug.	1. *bi* ;	2. *si* ;	1. *bu* ;	2. *su*.
Syrj.	1. *me* ;	2. *te* ;	1. *mi* ;	2. *ti*.
Wot.	1. *mon* ;	2. *ton* ;	1. *mi* ;	2. *ti*.
Mok.	1. *mon* ;	2. *ton* ;	1. *min* ;	2. *tin*.

Ost   1. *ma*;   2. *neng*;   1. *meng*; 2. *neng.*
                              Duel 1. *min*; 2. *nin.*
Suo. 1. *minä*; 2. *sinä*;   1. *me* ; 2. *te.*
Esth. 1. *mina*; 2. *sina* ;   1. *meie*; 2. *teie.*
Magy 1. *én* ; 2. *te* ;   1. *mi*;   2. *ti.*
Vog. 1. *am* ; 2. *nag* ; Duel 1. *min*; 2. *tin.*

59. — La division des voyelles en trois classes a prévalu sur la division binaire, par la raison décisive que les sons bas *u, o, a* se polarisent exactement avec les sons moyens *ü, ö, ä*, tandis qu'il n'existe pas de voyelles proprement dites avec lesquelles les sons hauts *é, i* puissent former des couples parfaits.

La polarité des voyelles basses et des voyelles moyennes se manifeste, dans toutes les langues ouralo-altaïques, — y compris le magyare où la voyelle *e* représente le plus souvent le son moyen *ä*, — par la régularité avec laquelle les suffixes changent, pour s'harmoniser, *u* en *ü, o* en *ö* et *a* en *ä*. Elle se manifeste également, en dehors du domaine touranien, par une inflexion propre à la langue allemande et qui consiste à hausser le son, précisément de *u, o, a* en *ü, ö, ä*.

Tandis que les suffixes, qui renferment des

voyelles basses ou des voyelles moyennes, sont sujets à une variation vocalique s'effectuant entre deux pôles fixes, les désinences en *i* demeurent invariables dans toutes les langues, où on n'a pas recouru à l'emploi de la semi-diphthongue Ы, pour maintenir la division binaire. En mongol, en suomi, en mandchou, en magyare, les suffixes — *i*, — *ki*, — *ci*, — *si*, — *in*, — *ig*, etc., s'adaptent indifféremment aux thèmes à voyelles fortes et aux thèmes à voyelles faibles. Dans les idiomes où le son *é* s'est intercalé entre *ä* et *i*, les suffixes qui renferment cette voyelle haute sont invariables, non moins que les précédents. Ainsi, en mandchou, en suomi, les désinences — *e*, — *me*, — *nen*, —*ke*, — *elen*, etc., s'adaptent aux thèmes forts comme aux thèmes faibles.

60. — Cependant ces deux voyelles, que l'on a qualifiées de *neutres,* en raison de la passivité des suffixes où elles figurent, sont loin d'être absolument indifférentes.

Il est constant que les thèmes neutres appellent les suffixes faibles, de préférence aux suffixes forts ; ce qui trahit un rapport d'affinité incontestable entre les voyelles neutres et les voyelles faibles.

D'autre part, Castrén et Lönnrött sont tombés d'accord sur un point non moins important. « J'ai cru remarquer, dit le premier, que, dans plusieurs langues altaïques, les voyelles *i, é* venant après des voyelles fortes, font entendre un son plus bas et plus fort, lequel est très-voisin de ЬІ russe. J'ai conclu de là, à une époque déjà ancienne, qu'originellement les voyelles *i, é* n'étaient en aucune façon neutres, mais que chacune d'elles représentait deux sons vocaliques, l'un plus fort et l'autre plus faible. J'ai été, depuis, confirmé dans cette opinion par le résultat des observations de Lönnrött. Sans avoir eu connaissance de ce que j'avais cru découvrir, ce philologue exercé a exprimé l'avis qu'en langue suomi, les voyelles *i, é* avaient originellement eu chacune un son fort et un son faible, mais que cette distinction, en voie de s'effacer dans le langage, ne s'était jamais accusée dans l'écriture (¹). »

(¹) CASTRÉN. *Grammatik der samojedischen Sprachen*, § 47.

61. — Comme le dualisme constaté par ces deux linguistes, Finnois de race et de langue, ne peut évidemment s'entendre du plus ou moins de quantité des sons, il demeure acquis à l'histoire interne des langues altaïques, d'une part que, cédant à l'attraction exercée par l'état de polarisation parfaite des sons bas et des sons moyens, l'instinct linguistique a tenté de polariser les sons hauts ; d'autre part, que ses efforts n'ont point complétement abouti, puisque le son plus bas prêté aux voyelles *i, é* n'a pas conquis une représentation graphique en suomi, et qu'ailleurs il s'est transformé en des semi-diphthongues formées par l'association des voyelles *u-i, ü-i, ü-é.*

Grâce à cet artifice, consistant dans l'introduction, au sein du vocalisme, d'un élément composite, le iakoute, l'osmanli, les idiomes mordouines et le dialecte syrjênien se sont assujettis aux règles étroites de l'harmonie binaire, tandis que, dans les autres langues, les voyelles se sont divisées en trois groupes naturels.

$$\text{Voyelles} \begin{cases} \text{polarisées} \begin{cases} \text{fortes : } u, o, a\text{ .} \\ \text{faibles : } \ddot{u}, \ddot{o}, \ddot{a}. \end{cases} \\ \text{impolarisées — neutres : } i, \acute{e}. \end{cases}$$

La tendance à réaliser la polarisation des neutres a été telle dans le koïbale, que Castrén a dû tenir compte des résultats obtenus et introduire, dans la classe neutre, la distinction en fortes et en faibles.

62. — La loi du développement successif qui a caractérisé le vocalisme des Aryens et des Sémites ne paraît pas avoir présidé, avec la même lenteur, à la formation de la phonétique touranienne.

Les voyelles *i, u, a* mineur et *a* majeur ont nécessairement apparu tout d'abord ; *o* et *ä* ont sans doute suivi, mais aussitôt que le travail de dérivation par l'harmonie a commencé, *ü* et *ö* sont venues polariser *u* et *o*. La voyelle *é*, qui fait défaut en iakoute, en osmanli, en mongol et en kalmouk, s'est produite en dernier lieu.

On peut, dès lors, distinguer, dans le vocalisme des langues ouralo-altaïques, quatre étages successifs.

I.   *u. a* mineur *a* majeur, *i.*

II.   *u, o, a, ä, i.*

III.   *u, o, a, ö, ü, ä, i.*

IV.   *u, o, a, ö, ü, ä, é, i.*

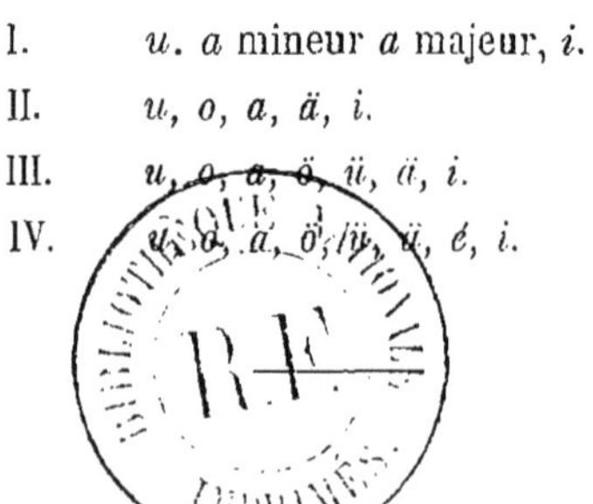

TABLE DES MATIÈRES

Nancy, imp. Berger-Levrault et Cie.

NANCY, IMPRIMERIE BERGER-LEVRAULT ET Cⁱᵉ.

9 782019 699161